Carla Aranda

25 anys 1986-2011
edicions
bromera

EL MICALET GALÀCTIC

COL·LECCIÓ DIRIGIDA PER JOSEP A. FLUIXÀ

TÍTOLS PUBLICATS DE LA SÈRIE BLANCA - PRIMERS LECTORS

98. *La sopera i el cullerot.* Michael Ende / Quique Soler i Rosa Anna Crespo
102. *Laia, una xiqueta mooolt exagerada.* Mercé Viana / Paco Giménez
108. *L'ànec i el salze.* Mariasun Landa / Armand
115. *Marina ja no té por.* Maria Dolors Pellicer / Irene Bordoy
118. *Fantasmes al passadís.* Agustín Fernández Paz / Óscar Villán
119. *La sopa de lletres.* Amaia Crespo / Ramon Pla
125. *Els animals de la ciutat.* Vicente Muñoz Puelles / Noemí Villamuza
126. *Fúria.* Patxi Zubizarreta / Elena Odriozola
133. *Un cavall de foc.* Fina Casalderrey / Valentí Gubianas
134. *Clara no para.* Braulio Llamero / Eider Eibar
141. *Ricard, l'escultor.* Gianni Rodari / Montse Tobella
144. *El rellotge que no deia cucut.* Lucía Baquedano / Miguel Calatayud
150. *La meua veïna és una bruixa?* Carmen Gil / Escletxa
151. *A mi no m'agraden els llibres!* Joan Portell Rifà / Oriol Hernández
154. *Jo de major vull ser...* Miguel Vázquez Freire / Xosé Tomás
158. *Aquest gos és tot un jardiner.* Lolita Bosch / Ester García

Hi ha unes *Propostes didàctiques*, referides a aquest llibre, que es poden descarregar de manera gratuïta des de la pàgina web www.bromera.com.

El poema de la pàgina 56, «Llarg i prim», pertany al llibre *Oda als peus* de Marc Granell, Bromera.

© *Joan Portell Rifà, 2010*
Adaptació: *Teresa Brosseta Fandos, 2010*
© Dibuixos: *Oriol Hernández Sánchez, 2010*
© *Edicions Bromera*
Polígon Industrial 1 - 46600 Alzira
www.bromera.com
Disseny de la col·lecció: *Enric Solbes*
Impressió: *Fernando Gil*

1a edició: *març, 2010*
2a edició: *gener, 2011*
ISBN: *978-84-9824-522-6*
DL: *V-204-2011*

PAPER ECOLÒGIC
TCF LLIURE DE CLOR

FOTOCOPIAR LLIBRES
NO ÉS LEGAL

EL MICALET GALÀCTIC

A mi no m'agraden els llibres!

Joan Portell Rifà

Dibuixos d'Oriol Hernández

A Paula i Núria,
els meus dos Joanets

–Un altre llibre? Vinga!, el que jo volia era una pilota de futbol, de les de reglament, per poder jugar a la plaça amb Toni, Jordi, Irene i Moha.

I és que Joan, fill del famós escriptor Joan Lletra i de la professora Marta Ferit, havia avorrit els llibres. El dia de Reis, el dia del Llibre o per l'aniversari només li regalaven llibres, llibres i més llibres. I els seus iaios, amos de dos llibreries de renom, també volien que

el seu únic nét es dedicara a la llibreria familiar. Per això sempre li regalaven llibres, llibres i més llibres. I Joan Lletra Ferit, conegut pels seus amics com a Joanet, n'havia acabat fart, de tants llibres.

Era tanta la mania que Joanet tenia als llibres, que va decidir apartar-los per sempre de la seua vida. Per això convocà tota la colla a la caseta del jardí. Per començar, encengué una barreta de sàndal de la iaia Remei i preparà una poció màgica. Un beuratge a base de suc d'un calcetí del germà major de Moha, un rajolí de colònia del pare de Toni i una cullerada de sucre, per endolcir.

Després d'unes paraules màgiques,
es begué la poció tapant-se el nas
amb una pinça per estendre la roba.

El resultat final va ser un mal de panxa que va deixar Joanet clavat a la tassa del vàter durant dos dies. Això sí, apartat dels llibres perquè no els podia ni sostenir.

–Però, mare i pare, per a què aprofiten els llibres?

–Els llibres ens transporten a altres mons i ens conviden a viure altres vides...

–I t'ensenyen i t'eduquen i, molt especialment, et fan passar bons moments –li responien una vegada i una altra els pares, que esperaven convéncer Joanet amb bones paraules.

Però, per més que es mirava els llibres, Joanet no sabia trobar allò que els seus pares predicaven. I és que, com que sempre tenien tanta faena, moltes vegades els consells només es quedaven en paraules.

Però tot començà a canviar en tornar de les vacances d'estiu. Joanet havia quedat al «camp» amb tota la colla per fer un partit de futbol. Sa mare, encara que Joanet intentà eixir de casa sense

fer rebombori, abans de tancar la porta li preguntà:

–Joanet, t'emportes alguns llibres, no?

–Mare, com pots pensar que tindrem temps per a llegir? Jugarem a futbol fins que estiga ben fosc!

Però, amb la cara que li va fer la mare... Joanet no va tindre més remei que carregar la cartera de llibres.

Quan arribà al «camp», un descampat de terra on un esvaró volia dir acabar amb els genolls pelats, es trobà una gran sorpresa. Durant l'estiu havien convertit el seu «camp» de terra en una plaça de ciment. I s'havien quedat sense on jugar al futbol!

–I ara què farem?

–Ens han deixat sense porteries, ni àrees, ni córners...

–Quina merda! –i comentaris com aquell anaven de boca en boca.

De sobte, a Joanet se li va encendre la bombeta:

–Ja ho tinc! Veritat que tenim pilota?

–Sí! –van respondre tots a l'una.

–Veritat que tenim plaça?

–Sí!

–Per tant, l'únic que necessitem són dos porteries. Vinga, a buscar quatre pedres!

Però, caram, per més que buscaven no n'hi havia cap. Els operaris havien deixat la plaça neta com una patena.

–No trobem res de res. Què fem? –van dir amb els braços plegats tots alhora.

I aleshores Joanet mirà la bossa, en va observar el contingut i...

–Ja ho tinc! Els llibres!

I així va ser com van col·locar un llibre obert com a pal de cada porteria. I a jugar s'ha dit!

Va ser el millor partit que recorden els de la colla.

L'endemà, matí de dissabte, la mare i el pare havien anat a comprar. Joanet estava sol al pis assajant un dels seus xuts: el gol des del passadís pel cantó del bufet del menjador, passant entre els respatlers de les cadires i el gerro de la tia Clàudia.

Però en el moment just del xut sonà el timbre de la porta: «riiing».

Joanet obrí la porta amb
la pilota en una mà i les restes
del gerro de la tia Clàudia
en l'altra.
Plantada al replà de casa
hi havia Glòria, la veïna
del primer, amb el seu fillet
Guillem en braços.

–Estan els teus pares, Joanet?

–No, han anat a comprar.

–Resulta que m'han avisat de la faena per una urgència i he pensat: «qui pot fer-se càrrec de Guillem?». I per això he pujat. Així que, Joanet, et pots quedar cinc minutets amb Guillem? Només seran cinc minuts de res.

–Com? Què?

–Va, pren, agafa'l i cuida'l tan bé com la teua pilota, eh?

I així va ser com a Joanet se li acabà l'entrenament i es trobà amb una criatura de poc menys d'un any penjada del braç. I la mare de la criatura que se n'anava escales avall!

–I ara què faig?
Però va ser tancar la porta de casa i Guillem començar a bramar com un lleó a qui li ha xafat la cua un elefant.

–Guillem, rei, mira què tinc... –i Joanet li ensenyava la pilota, però res de res–. Guillem, Guillemet, mira com bota la pilota... –i Joanet vinga a fer saltar la pilota, però res de res–. Guillemet, Guillemiu, vols que fem taaat?

Però, tot i les bones paraules, Guillem ja havia elevat els seus brams al nivell d'una sirena de bombers.

Desesperat, Joanet va recórrer el pis de punta a punta buscant algun objecte que l’ajudara a calmar aquella fera: un sonall, un cotxe de joguet, un animal de peluix...

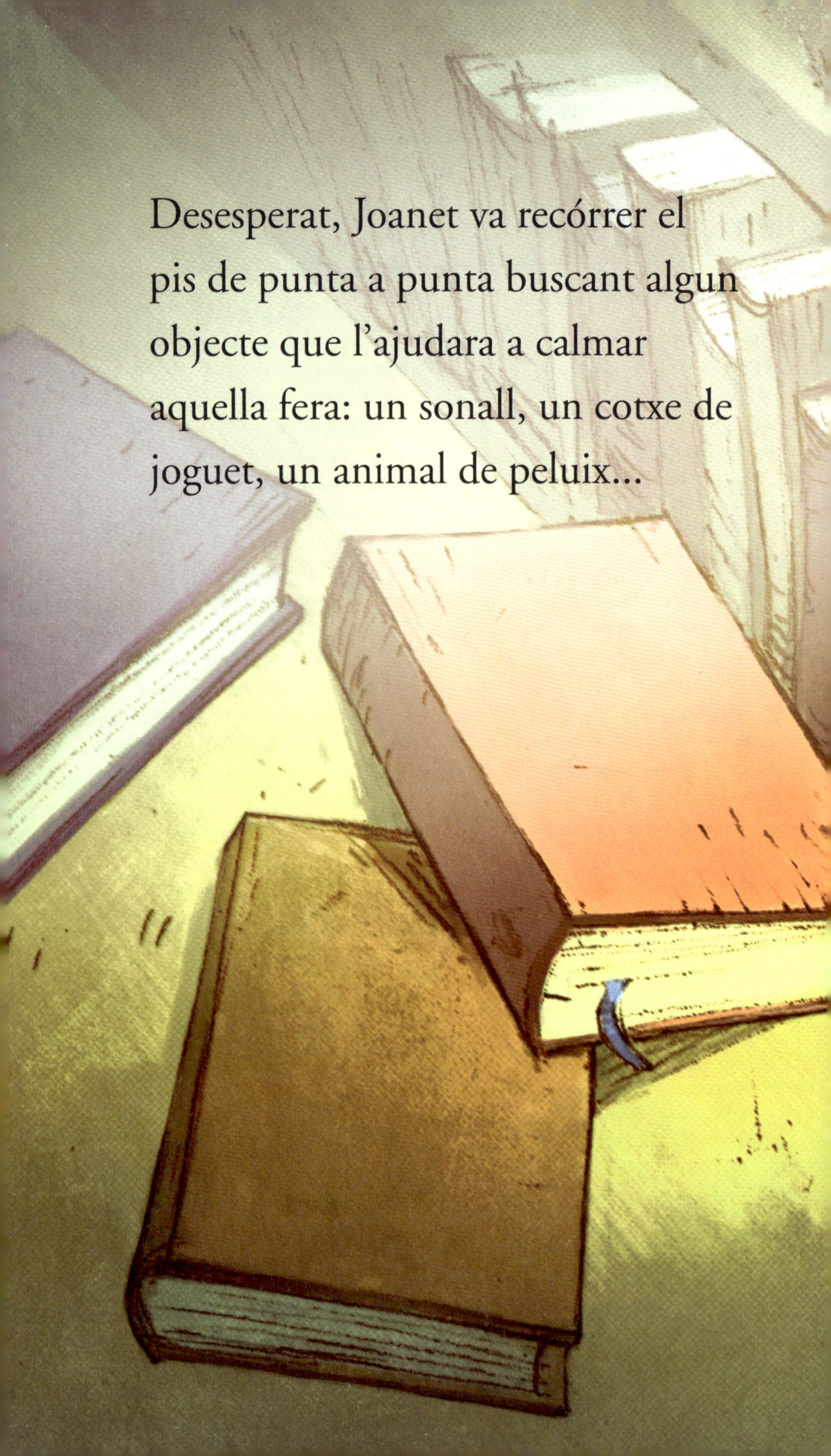

–Llibres, i llibres, i més llibres! En tota la casa només hi ha que llibres. Passà per l'estudi, pel lavabo, per la cuina, per l'habitació... I la solució estava novament davant del seu nas: els llibres!

Entrà d'una revolada a la seua habitació i escollí dos llibres de quan era menut: *Allà on viuen els monstres* i la història del conillet Tabalet. Aquells llibres havien de ser, no n'hi havia una altra, la seua salvació!

Armat amb els dos volums, es va asseure davant de Guillem i començà a llegir fent la veu més dolça del món. A poc a poc, Guillem s'anà calmant i mostrà un gran interés per tocar els llibres, tastar-los i rebregar-los. I es va adormir quan la Marieta Cua-curta ensenyava, al seu fill Tabalet, els perills d'eixir del cau.

41

Quan els seus pares van obrir la porta, van trobar Joanet amb Guillem adormit als genolls i els trossos del gerro escampats pel menjador. I davant d'aquella imatge no es van veure amb cor

de castigar-lo per la trencadissa.
Mentre recollien les restes, la mare en veu baixa comentà:

–A nosaltres tampoc ens agradava el gerro de la tia, veritat?

Però molt prompte, el primer dia d'escola, el món de Joanet es girà del tot. A la classe de Joanet havia arribat una companya nova: Naiana, una xiqueta de pell morena i ulls d'ametla. Aquell dia Joanet va descobrir l'amor per primera vegada.

Naiana acabava d'aterrar de l'Índia, adoptada per una família del barri. I no entenia ni una paraula de valencià. Joanet tenia, per tant, un gran problema: com s'ho faria per declarar-li el seu amor etern? Potser

la podria encantar amb paraules boniques? De ben segur que Naiana no podria resistir-se a paraules com mar, amor, remor, blanc, blau, gladiol o, fins i tot, flam. Es veu que la clau estava en les paraules...

Joanet començà a regirar el prestatge de llibres de poesia de casa.

Llegí uns quants dels millors poetes i algunes de les seleccions de poesies de tots els temps. Finalment, li caigué a les mans un poema que

es deia «Llarg i prim», de Marc Granell, publicat en el seu llibre *Oda als peus*. El va llegir una vegada, dues, i fins i tot tres. I li agradà tant la música de les paraules que va memoritzar aquell poema.

L'endemà, Joanet prengué Naiana pel braç. Se l'endugué a un racó del pati i, més roig que una tomaca, li recità:

Quan ix el sol
és una flor,
que, tota d'or,
a espai desperta
entre la mar
de brea i sal
i el camp callat
de mel i ametla.

I caram si resultà aquell poema! Naiana, emocionada pel so d'aquelles paraules, li engaltà el bes més dolç que Joanet havia tastat mai. I tant i tant li agradà que repetí el mateix secret amb poemes d'altres escriptors. Van ser paraules plenes de màgia, dolces i plenes d'amor que van acostar Naiana al valencià i Joanet a Naiana.

Des d’aquell dia, Joanet
no deixava de proclamar
pertot arreu:
–A mi no m’agraden
els llibres! –i immediatament
afegia en veu més baixeta–:
Però llegir sí.